II. VOYAGE EN DYLANIE

II. VOYAGE EN DYLANIE

Poésies

Christian Grammatico

Photo de Couverture :
La fille aux longs cheveux blonds face à la mer.

© 2022 - Christian Grammatico
Édition : BoD – Books on Demand, 12/14
Rond-point des Champs-Élysées, 75008 Paris
Impression : BoD – Books on Demand,
Norderstedt, Allemagne

ISBN : 978-2-3224-1008-8
Dépôt légal : 04/2022

A Blandine, ma Sara, ma muse, ma moitié, et à toutes ses polarités réunies.

« Don't mind the pain, don't mind the driving rain, i know i will sustain, cause i believe in you ».

« Peu importe la douleur, peu importe la pluie battante, je sais que je survivrai parce que je crois en toi »

Bob Dylan

L'aventure se poursuit dans ce deuxième volet consacré aux thèmes de prédilection des chansons écrites par Bob Dylan de 1976 à 2020.

J'ai appris à devenir un inconditionnel des textes et de la musique de ce compositeur et interprète hors pair.

Bob Dylan, né en 1941 dans le Minnesota, est un auteur-compositeur-interprète, musicien, peintre, sculpteur et poète extraordinaire. C'est l'une des figures majeures de la musique populaire occidentale.

Dès que j'ai commencé à remanier ses textes pour y mettre mon empreinte je me suis dit que j'allais faire 12 volumes de 12 chansons chacun.

- Allais-je y arriver ?

- D'une manière ou d'une autre certainement.

- Combien de temps me faudrait-il ?

- Le temps qu'il faudra car le temps ne se perd pas, quand il se savoure.

- Serais-je satisfait de moi ?

- Rien n'est moins sûr, mais qui mieux que soi-même pour se complimenter.

- Pourrais-je partager mes textes à d'autres ?

- Sachant que la poésie ne fait rêver plus grand monde je n'y compte pas trop, mais comme le dit Bob Dylan « Les temps changent ».

C'était un réel défi et certains textes ont eu une naissance difficile, quelques-uns ont été abandonnés mais jamais je n'ai eu le syndrome de la page vierge. J'ai choisi les textes qui s'approchaient le plus de mon histoire ou ceux qui me touchaient le plus et j'ai travaillé, à partir de là, un nouvel écrit. Bien souvent les mots se sont éloignés des mots de Bob Dylan. Le plus souvent j'ai raconté une autre histoire, une autre fin, un sens nouveau surfant sur de multiples inspirations. J'ai toujours essayé d'honorer le texte originel sans forcément m'en approcher, d'autant que la traduction de langue anglaise en langue française et plus particulièrement de la poésie relève d'une tâche parfois insurmontable et très complexe.

Après avoir écrit tous ces textes j'ai finalement décidé de les réunir en 3 volumes.

Je vous souhaite une bonne lecture à savourer sans modération.

Sara

Allongée sur le sable
Tu es plongée dans tes pensées
Les enfants jouent tous les quatre sur la plage
Ton anatomie enflamme mes yeux subjugués
Je veille sur vous,
Et m'effraie que vous partiez au large

Quand j'ai croisé ton regard la première fois
J'ai vite su que ce serait toi mon plus bel amour
Tu étais d'une beauté au-dessus de toutes les lois
Les courbes de ton corps,
La splendeur de tes contre-jours

Sara, où vas-tu ?
Que fais-tu parfois loin de nous ?
Sara, déesse attirante, femme filante

Je les revois avec leurs seaux, aller et venir
De la mer à leur château avec de grands sourires
Je les revois ramasser de beaux coquillages blancs
De moi à toi, attendre nos encouragements

Sara, qui es-tu vraiment ?
Es-tu celle que je croyais ?
Sara, sirène ensorcelante, femme enivrante

Derrière les dunes j'ai allumé un feu de camp
Tu avais à la main un grand verre de vin blanc
J'ai joué pour toi "La dame des plaines aux yeux tristes"
Les enfants tous endormis en mode pacifiste

Sara, es-tu sûre de toi ?
Que fais-tu sous notre toit ?
Sara, joyau éclatant, épouse mystique.

Tu n'as pas voulu que les cloches sonnent
Tu as vomi toute la soirée, enceinte un peu trop tôt
Le voyage de noce tant pis on l'abandonne
On ira avec nos quatre enfants au bord de l'eau

Sara, ne dit-on pas pour le meilleur ?
I want you ?
Sara, mère modèle, épouse qui doute

Rappelle-toi notre rencontre
Je t'ai aimée sur-le-champ
Tu as joué la montre
Je t'ai conquise par le chant

Sara, ma muse Saharienne, ma ruse Arthurienne
Sara, tu es mon graal, la spirale de l'idéal, fragile

La plage est alors déserte, le sable est d'or
Nous sommes à l'hôtel, on couche les mômes
Je te transporte mais vers quel spot, quel sort
Un voyage qui nous amènera dedans en dehors

Sara, nymphe éblouissante à la flèche d'un arc
suspendue
Ne me laisse jamais, aime-moi comme toujours je
t'aimerai
Sara, oh Sara

Mister

Mister sais-tu où nous pourrions la trouver ?
Sur la route de l'enfer ou celle du paradis ?
Ces routes-là j'y suis déjà allé avec Marie
Et je ne veux pas y rester ni même y séjourner

Mister sais-tu où la dame des bois se cache ?
Le chemin est-il long jusqu'à la frontière ?
Nous tournons en rond, que faire, une prière ?
Elle a eu tort de partir il faut qu'elle le sache

Mister un vent cinglant souffle encore sur le pont
Jusqu'à quand vais-je devoir regarder en arrière ?
Je sais qu'elle n'effacera jamais le tatouage de mon
nom
Et qu'elle gardera toujours à son cou
La croix de fer que je lui ai offerte

Mister je me souviens de la fanfare du tambour
Et du jour où elle m'a pris le bras et m'a dit :
« Ne m'oublie pas je suis ton plus grand amour »
Je sens encore son odeur et son corps engourdi

Mais elle est partie vers le sud
Vers un autre avenir
Qu'est-ce que cela signifie, depuis je refroidis

Cela lui suffit-il, tous nos beaux souvenirs ?
Et moi d'effroi je suis de plus en plus abasourdi

Mister depuis quand m'a-t-elle abandonné ?
80 jours et suis devenu un Jean passe-partout
Mais j'ai perdu mon pari mon amour fou
Pensant avoir tout donné, tout pardonné

Où es-tu ce soir ?

Le retour sous la pluie en train est long, noueux
Sur la lettre mes larmes s'épanchent
À l'encre noire et fraîche
Je rêve de soulever par les hanches
La femme aux blondes mèches
Mais cette épaisse brume me colle
A la peau bleue

Bleu comme ce grand océan qui nous sépare
Bleue comme cette marque sur ton petit bras
Comme tes yeux peu heureux
Pleurant sous la pluie
Bleu comme ce ciel qui ne voudra plus de moi

Dieu peut me punir, il a mon âme, mon sang
Tu peux m'en vouloir à mort
De même que ton corps
Le juge ne peut pas me voler mes enfants
Tu le sais, je veux être maître de mon sort

Dans ce bar tu étais la sirène des hommes
Ivrogne mort revenant encore et encore
J'ai mangé le fruit défendu, croqué la pomme
Jadis tu aimais, tu m'aimais en somme, fort

Si je pouvais te retrouver comme autrefois
Mais le mal est fait,
Le bien s'est envolé loin
Où es-tu ce soir sans moi,
Dans les bras d'un roi ou d'un même choix
La vérité, nul ne la connaît

Le taureau mange la poussière, si peu fier
Est-ce que je connais son nom ? Te mérite-t-il ?
Fait-il de toi une reine ? Fait-il rouler la pierre ?
T'emmène-t-il sur un fil au dessus du Nil ?
Ou voyages-tu d'île en île ?

Où es-tu ce soir, je n'y crois pas
Je n'y crois plus, où es-tu ce soir
Sans moi, dans d'autres bras
Cauchemar, Abracadabra

Love yourself

Vous pouvez être président
D'une multinationale ou d'un pays
Vous pouvez l'appeler chérie
Et vous faire appeler baby
Vous pouvez être le champion du monde
Des mi-lourds, être sourd
Vous pouvez être une actrice romantique
Et être des plus glamours

Mais vous devez ne pas oublier de toujours aimer
Ça pourrait être lui, ça pourrait être elle
Mais d'abord vous devez vous aimer.
Love Yourself

Vous pouvez être le nouveau Bob Dylan
Ou un petit poète
Vous pouvez être addict
Être incohérent les jours de fêtes
Vous pouvez être une femme d'affaires
Ou le voleur de nuit
Ils peuvent vous appeler docteur
Ils peuvent vous traiter d'abruti

Mais vous devez ne pas oublier de toujours aimer
Ça pourrait être lui, ça pourrait être elle

Mais d'abord vous devez vous aimer.
Love Yourself

Vous pouvez prier le seigneur sans être un tueur
Vous pouvez être riche ou pauvre,
Rire ou être en pleurs
Vous pouvez être athée, croire et avoir de l'espoir
Vous pouvez faire des erreurs
Sortir un soir ou faire le loir

Mais vous devez ne pas oublier de toujours aimer
Ça pourrait être lui, ça pourrait être elle
Mais d'abord vous devez vous aimer.
Love Yourself

Vous pouvez travailler dans une banque
Sans être banquier
Vous pouvez utiliser le papier pour écrire
Ou vous essuyer
Vous pouvez être une fourmi, ou être une cigale
Vous pouvez arrêter
Arrêter que l'on vous traite de minable

Mais vous devez ne pas oublier de toujours aimer
Ça pourrait être lui, ça pourrait être elle
Mais d'abord vous devez vous aimer.
Love Yourself

Vous pouvez être différent, ne jamais faire semblant
Vous pouvez aimer la couleur rouge le ciel quand le soleil se couche
Vous pouvez vous laisser porter, vous pouvez refuser
Vous pouvez mentir pour ne pas blesser, vous pouvez blesser pour ne pas mentir

Mais vous devez ne pas oublier de toujours aimer
Ça pourrait être lui, ça pourrait être elle
Mais d'abord vous devez vous aimer.
Love Yourself

Vous pouvez aimer la nature, vous pouvez être un devin
Vous pouvez aimer la ville, être adjoint et prendre des pots de vin
Vous pouvez rechercher et penser n'avoir rien trouvé
Vous pouvez perdre en gagnant et l'inverse est aussi prouvé

Mais vous devez ne pas oublier de toujours aimer
Ça pourrait être lui, ça pourrait être elle
Mais d'abord vous devez vous aimer.
Love Yourself

Vous pouvez commencer par la fin, ne lire que le refrain
Vous pouvez penser que cela vous va bien ou ne penser à rien
Vous pouvez c'est comme vous voulez, comme vous pouvez
Mais du soir au matin, en chemin c'est bien

De ne pas oublier de toujours aimer
Ça pourrait être lui, ça pourrait être elle
Mais d'abord vous devez vous aimer.
Love Yourself

Ange de Lumière

Ange aimé, sous le soleil
Vous avez été celle qui m'a montré
Que j'étais aveuglé,
Montré où je devais aller
Vous avez su me montrer
Comment construire une base solide
Là où tout autour il y avait des ruines

La période est propice à l'instabilité, l'individu alité,
la fausse prospérité
La pensée commune est d'écraser son prochain par
peur d'être le suivant sur la liste
Le mal se glisse dans nos draps de soie,
Nous désirons la lune en un claquement de doigt
Il suffit pourtant d'ouvrir son cœur pour propager
la beauté, la bonté
Qu'on le croit ou pas

Ange de lumière, ange de lumière sur moi
Ange de lumière
Je ne pourrai pas y arriver sans toi,
La nuit se serait emparée de moi

Ai-je été bien élevé à la petite monnaie
Ou aux gros billets ?

À une belle hérédité
Ou à un travail scolaire acharné ?
Par deux parents bien éduqués
Et des enseignants bienveillants ?
Ai-je été une bonne tige qui a poussé bien droite
Ou une ronce tordue qui a fait ce qu'on ne voulait
pas qu'elle fasse ?

Ange de lumière, ange de lumière sur moi
Ange de lumière
Je ne pourrais pas y arriver sans toi,
La nuit se serait emparée de moi

Puis est venu le temps de l'adolescence
Où peut-être tout était déjà joué
Mes amitiés sont-elles bien fondées ?
La tige ne s'est-elle pas transformée ?
Me suis-je fait malmener, abuser,
Écraser par un connard de diable ?
Suis-je devenu minable ou me laisse-t-on le croire
Dans une vie de sable ?

Ange de lumière, ange de lumière sur moi
Ange de lumière
Je ne pourrai pas y arriver sans toi,
La nuit se serait emparée de moi

Nous ne naissons pas mauvais
Mais il faut savoir saisir les anges qui passent
Savoir écouter ses voix d'anges précieuses
Qui nous guident vers des voies douces et
délicieuses
Savoir aussi transmettre ce qu'il y a de bon en nous
Pour pouvoir devenir un jour à notre tour
Un ange de lumière

Un ange aimé sous le soleil

Ange de lumière, ange de lumière sur toi
Ange de lumière
Tu ne pourras pas y arriver sans moi,
La nuit se serait emparée de toi

Je crois en moi

S'il se moque de moi parce que
Je ne suis pas né de parents huppés, parce que
Je n'ai pas fait les très grandes écoles, parce que
Au sport je suis le dernier choisi, parce que
Je suis quelqu'un de bien trop gentil parce que
Je n'ai pas le pouvoir de dire non, de faire du mal
De me comporter comme un animal devant sa proie
Je crois en moi tout de même
Même en larmes et quand je dépose les armes
Même moqué, insulté, dévalisé, blessé, je sais
Que je crois en moi

J'ai perdu mon travail plusieurs fois
Me suis fait larguer sans savoir pourquoi
Et vu des amis m'oublier trop de fois
J'ai raté des trains dans mon train-train quotidien,
A la pelle, j'ai loupé des avions sans ailes
J'ai vu partir des bateaux pour les îles sans moi
J'ai foiré mon examen pour aller sur la lune
Parce que j'ai une myopie qui m'empêche de voir le mal
J'ai pourtant du charme, jamais je ne m'alarme

Je n'ai pas toujours de veine, et si l'on me fait de la peine
Jamais je ne désespère, je crois en moi

Alors je m'y suis habitué, je marche seul
Et puis aussi je crois en lui, certains l'appellent Dieu
D'autres l'appellent l'Homme, d'autres l'appellent la Nature,
Et d'autres encore ne l'appellent pas mais sans le savoir croient en lui.

Parfois ce n'est pas facile,
Parfois je crois que c'est futile
Ou inutile quand je suis malhabile
Cela ne tient qu'à un battement de cil
Entre le croire et perdre l'espoir,
Je garde la foi de croire en moi
Pour cela, je lève les yeux pour
Admirer le coucher de soleil, pour
M'émerveiller dans tes pupilles claires, pour
Écouter des sons mélodieux et tes silences profonds, pour
Chuchoter aux oreilles de l'être aimé, pour
Humer des odeurs belles au naturel, pour
Savourer d'exquis produits sans péché de gourmandise, pour
Toucher, caresser, et tout simplement aimer en restant moi-même pour

Être délivré de toutes les chaînes.
Je crois,
Écoute-moi,
Toi aussi tu peux croire en Moi, en Toi, en Nous.

Sauvé

Aveuglé par le diable
L'avidité de l'argent m'a rendu laid
Je n'avais besoin de rien et je désirais tout
Et rien ni personne ne me fera dévier
De ma route et surtout pas le doute
Mais au crépuscule de ma vie j'ai compris trop tard
Que je ne serai pas sauvé

J'ai été sauvé
Alors que j'allais me noyer
Dans ma sale cupidité enflammée
Sauvé par une main tendue,
Une grâce appropriée
J'ai été sauvé
Par un brin d'humanité
Une douce féminité qui m'a donné
Un souffle pour l'éternité
J'ai été sauvé
Sans fanfare ni clairon
Sans attendre en retour un don
Une quelconque décoration
Une adoration, une soumission
J'ai été sauvé
Mais pour quelle rédemption
Celle du seigneur,

Ou celle d'un autre malheur
Non mais pour celle d'une jolie fleur

J'ai été
Sauvé par le gong
Me suis amusé au lieu de passer au tableau
Sauvé par la cloche
Pour ne pas être enterré vivant, après le fléau
J'ai été sauvé par le sang
Le bon sens du sauveur et de l'agneau,
J'ai été, je suis, je serai heureux de vivre
De vivre dans le beau, et d'aller plus haut

L'homme a tendance à l'oublier
Nous choisissons ceux que nous sommes
D'être sauvé ou pas

Etes-vous prêts ?

Êtes-vous prêts ?
Iriez-vous là où vous devriez aller
Êtes-vous prêts à toutes les éventualités ?

Êtes-vous prêts à rencontrer Jésus ?
À l'entendre vous dire que vous n'êtes pas fait pour
le paradis
Êtes-vous prêts à rencontrer le diable ?
À brûler en enfer pour vos dernières heures et pour
l'éternité

J'espère que vous êtes prêts
Car c'est peut-être trop tard
Pour changer votre destinée

Et moi suis-je prêt, à surseoir ?
Et lui qui est-il pour me recevoir ?
Et toi es-tu prête à ne plus me voir ?
L'inconnu à jamais ne m'apercevoir

Et comment va-t-il m'accueillir ?
Que va-t-il me dire, me faire ?
Me faire faire, vais-je faillir ?
Renaître, m'endormir, me taire ?

Suis-je prêt à partir, ne jamais revenir ?
Laisser ma croix, vos joies et tant de choix
Me soumettre à la volonté divine
Et perdre bien plus que mon héroïne
Suis-je prêt, j'espère être prêt.

Dans cet imprévu qui nous arrête
Aura-t-on le temps de nous dire adieu ?
Un jour nous sommes sur la crête
Le lendemain nous sommes aux cieux
Êtes-vous prêts, êtes-vous prêts ?

Réglez vos affaires comme si
C'était votre dernier jour ici
Rien ni personne ne vous retient
Vous suivrez la meute des anciens
Oui vous suivrez la meute des anciens

Êtes-vous prêts, j'espère que vous êtes prêts.
Êtes-vous prêts pour votre jugement ?
Êtes-vous prêts pour cette terrible décision ?
Êtes-vous prêts pour l'Apocalypse ?
Êtes-vous prêts pour votre grand voyage ?

Êtes-vous prêts, j'espère que vous êtes prêts
J'en doute…

Deux doses d'amour

Bob a clamé qu'il avait besoin
D'une dose d'amour,
Moi j'ai besoin de deux doses d'amour
Deux doses d'amour.

Pas besoin de dose de drogue pour oublier ma souffrance,
Pas besoin de dose d'alcool, pour oublier ma petite enfance
Pas besoin de dose de mensonge pour quitter mon épouse sans défiance
Pas besoin de dose de télévision, pour faire de nous des moutons ou des souris pour la science

Moi j'ai besoin de deux doses d'amour.
Deux doses d'amour.

Docteur Lisa, j'ai besoin d'assistance.
Le monde tourne mal il est sale, abominable
J'attends qu'il tombe
Je ne dors plus, je mange trop, suis en colère, même contre mon père mort en guerre
Personne ne sera sauvé n'en déplaise à Jésus, n'en déplaise aux crésus et tous ceux qui pensent à tort avoir pris le dessus,

Moi j'ai besoin de deux doses d'amour
Deux doses d'amour.

Je n'ai pas besoin d'alibi si je ne mens jamais.
S'ils veulent m'enfermer qu'ils ne s'en privent pas
Qu'ils fassent couler mon sang
S'ils veulent me gifler je n'ai que deux joues
Qu'ils fassent couler de mes yeux de l'eau salée
S'ils veulent me détester, me prendre pour un fou
Qu'ils me croient ou ne me croient pas, je ne m'en
fais pas

J'ai toujours avec moi deux doses d'amour,
Deux doses d'amour.

Pourquoi devrait-il en être autrement ?
Ils ont tué nos frères, violé nos sœurs,
Entassé dans des mouroirs nos parents
Donné des armes à tous nos enfants
Pour un faux dieu sans cœur ni amour
J'ai toujours avec moi deux doses d'amour,
Deux doses d'amour.
Une pour moi, une pour toi.

Parce que tu es mon ami,
Mon frère, ma sœur,
Ma chair et j'ai besoin de toi

Autant que tu as besoin de moi,
De ta dose d'amour,
De ta dose d'humour,
De ta dose d'un jour,
Qui se transforme pendant mes nuits en de nombreuses et heureuses doses d'amour.

Merci donc docteur Lisa de me fournir toutes ces doses
Et d'en fournir à tous tes patients impatients en dose d'amour.

Robert Zimmerman

Robert Zimmerman est vivant et revenant
Un grand poète, dans la nuit une chouette
Il est depuis soixante et un, un des plus grands
Mais ce n'est qu'un homme de scène une bête

Sans doute avait-il des problèmes, les mêmes
Pas assez de ceci, trop de cela, ma foi
Dans sa musique il nous amène, on aime
Il y a des ombres et des lumières, je crois

Lenny Bruce est mort comme un clown
Sans de la poudre dans les yeux
Mais de la blanche dans le nez
Moqué il fut alors « tristoun »

Bob Zimmermann en a écrit une chanson
De sa rencontre dans un taxi avec Bruce
Il tirera la leçon de faire attention
Aux méchants qui comme des puces de sang sucent

Bob Dylan avec son bâton de pèlerin
Est loin d'être fidèle, quelque chose cloche
Bob Dylan n'est pas un modèle de chemin
S'est attaqué à la roche avec sa pioche

Bob Dylan a fumé, bu, aimé à tout va
Il joua au Casanova puis se sauva
Il dérive solitaire sur cette terre mère
Au milieu de ces océans gris
Bob Dylan est un peintre, poète, prophète
Prophète de l'ombre, mystérieuse chouette
Une chouette phare qui éclaire nos nuits

Et puis

Bob joue à la guitare sur un beau nuage
Dieu à ses côtés écoute, les deux se marrent
Allez savoir pourquoi me vient cette image
Peut-être parce qu'il est tard
Les pieds dans la mare

Avec la complicité de la lune

L'humain que fait-il de sa tête, de ses mains ?
Il ne naît pas humain, est devenu bête diriez-vous,
Mais qui est-il, cet être impur si sûr de lui ?
Si la terre s'arrête parce que les hommes ne manquent pas d'air
Si les hommes s'entêtent ils ne seront plus à la fête
Ils tomberont des nues et plus personne ne sera debout
Un mauvais pas pour l'homme, un bon pas pour l'humanité

Il y a là, ici-bas une petite fille dans ma rue
Cachée, à l'affût, dans la nuit à jouer avec ma vie
La lune montante souriante fait le pied de grue

Ils font ce qu'on leur dit de faire
On leur dit de se taire, ils s'enterrent
On leur dit d'aboyer, de mordre
De grossir la horde de loups
Ils attaquent de nuit attrapent le coup
Rien de mieux que l'ordre

Couchés en chien de fusil
Elle ou lui dans le battement d'un cil
Ils donnent leur âme, l'arme à la main

Sans pleurs, sans une once de cœur

Je suis las, la petite fille hélas je ne l'ai pas vue
Elle est bien cachée, ah si j'avais su, un simple cri
Tandis qu'une lune croissante complice fait la grue

On pense que nous sommes des dieux immortels
Que rien ne peut arrêter notre ritournelle
On ne pense pas on détruit on manigance
On ne croit plus en rien, on perd toujours patience
On ne s'en remet qu'à la sacro-sainte science
Dans le dos de la terre, des mers, de Dieu le père
On court partout on ne sait pas où l'on va
On ne pense qu'à soi mais qui nous sauvera
L'homme araignée, le super homme, les GAFAs
La formidable femme, la petite fille, Greta,

La lune cette nuit-là est presque la seule à avoir tout
vu
Je suis innocent et pourtant elle va me tuer qui l'eut
cru
La petite fille m'a mis en joue, en a-t-elle vraiment
envie ?

Nous sommes les dieux de la guerre les maîtres du
monde
Que la terre soit plate ou qu'elle soit ronde

Que nous ayons mis le pied sur la lune ou que je
sois avec une belle blonde
Rien ni personne n'y fera, même d'envoyer sur
Mars une sonde
Mais l'espoir fait vivre, l'intérieur de la bouteille
rend ivre
Un heureux imprévu relève d'une possibilité peu
incongrue

Un petit garçon tape sur l'épaule de la petite fille
Il lui dit gentiment : « Tu ne peux pas tirer sur le
monsieur. Il dort. Tu es dans son rêve ». La lune
sourit dans sa décrue.

Complice de notre entrevue.

Lever du soleil sur l'union

Avant mes chaussures venaient de Singapour,
Aujourd'hui elles viennent de chez le cordonnier.
Les chemises que l'on portait et jetait au bout d'une
année venaient des Philippines,
15 ans sont passés et je les ai toujours,
Certes je les ai reprisées mais je trouve m'être bien
débrouillé.
La voiture que je conduisais à l'époque,
Un gros SUV était assemblé au Maroc,
Maintenant je marche avec mes bonnes chaussures
de mon bon cordonnier,
Un type qui ne sait pas compter mais qui sait
commercer et sur qui l'on peut compter.
La boucle est bouclée

C'est le lever du soleil sur l'Union
Et, ce que l'on fait vaut mieux
Que tout ce que l'on a fait avant
La guerre des continents

Les perles étaient du Congo
Où les richesses n'étaient pas réparties.
Le collier du chien, du Pakistan
Où les enfants étaient esclaves certainement.
Et le pot de fleurs du Brésil

Où les bidonvilles étaient des ghettos.
Tous les meubles étaient suédois,
Où toutes les femmes ne sont pas pulpeuses et
blondes.
Le blé venait par d'immenses bateaux d'Australie,
La farine fine au gluten a fini par rendre malade un
tiers de la population,
Mais tant pis on a longtemps continué.

C'est le lever du soleil sur l'Union
Et, ce que l'on fait vaut mieux
Que tout ce que l'on a fait avant
La guerre des continents

Les gens ne se plaignent plus
Qu'il n'y ait plus de travail.
Ils font ce qu'ils aiment
Et ce n'est pas une utopie.
Le capitalisme a bien résisté
Jusqu'à son dernier souffle et même au-delà.
Esclavagisme de l'objet sur l'homme,
De l'argent sur l'amour, de l'individu sur le groupe.
Les temps ont changé, il a fallu que le pire arrive,
Que le bateau parte à la dérive avant l'unique
alternative,
Celle du nouveau monde.

C'est le lever du soleil sur l'Union,
Et, ce que l'on fait vaut mieux
Que tout ce que l'on a fait avant,
La guerre des continents.

Faut-il le pire pour atteindre le meilleur ?
Le Chaos pour atteindre ce qui est de plus beau.
Un retour à la source, à l'origine du monde.

Après une folie destructrice immonde de l'homme,
Qui décima presque toutes les espèces y compris la
sienne,
On a dû se retrouver dans l'union, l'amour, la
cohésion,
Être une seule et même famille,
Comme dans certaines tribus que l'homme a
exterminées,
Sans regrets ni remords sur ce passé.

Quelques-uns se sont enfuis vers un autre système
solaire,
Pour repeupler une nouvelle planète.
Nous n'avons plus aucune nouvelle d'eux,
Et cela nous est égal dans notre Eden céleste.

Ce paradis terrestre s'est mis à exister après le déluge.

Adam et Eve cette fois peuvent manger tous les fruits,

Le fruit de la connaissance n'est pas interdit bien au contraire.

Nous ne sommes pas nombreux,

Mais nous sommes tous des êtres bons et heureux.

C'est le lever du soleil sur l'Union

Et ce que l'on fait vaut mieux

Que tout ce que l'on a fait avant

La guerre des continents

Je me souviendrai d'elle

Je me souviendrai de cette première fois
Quand j'aurai oublié jusqu'à l'instant d'avant
Je me souviendrai quand je t'ai vue défilant
Devant moi, je n'avais rien vu de plus tentant

Tu étais un mirage et moi un enfant (insolent)
Je voyais l'océan au milieu du désert
J'étais coupable, en te regardant autant
J'ai gardé cette image mais à quoi ça sert

Je me suis noyé combien de fois depuis toi
Dans ma mémoire tu es celle qui revient
Tu es la seule, qui a tant compté pour moi
Dans mon histoire sans cesse tu m'appartiens

Comment une inconnue sans être mise à nue
Peut me poursuivre alors que j'ai tout perdu
Se peut-il que je ne l'aie jamais vraiment vue
Dans cette rue sans issue elle m'est apparue

C'était un hasard je sortais de la gare
Le ciel était très noir je n'avais pas d'espoir
Elle avait l'air pressée, son train était au départ
Pressée de retrouver son prince, son manoir

Il était presque trop tard il faisait bien sombre
Elle était sans far, pourquoi ne courait-elle pas ?
La grâce dans chacun de ses pas sans une ombre
En un éclair, le coup de foudre, mon trépas

J'avais devant moi une œuvre d'art fantastique
Comme on n'en voit qu'une fois dans sa courte vie
Qu'il ne faut avoir que dans sa vie féerique
Elle était là, le temps suspendu, assouvie

Je restais coi, quel grand bonheur d'être asservi
Aux rapides délices du plus beau jour
Du plus beau jour du reste de ma vie, merci
Tu fus là sans le savoir mon plus bel amour

Je suis resté peut-être dans tes souvenirs
Quand le vent souffle puis que le tonnerre gronde
Quand tu auras aussi perdu ton avenir
Nous nous croiserons alors dans un autre monde

Nos souvenirs renaîtront dans nos âmes vagabondes
Où nos belles envies deviendront élégamment fécondes

Te voir enfin telle que tu es

Je pensais que la pluie rafraichirait tout
Mais finalement cela n'en a rien été
J'aurais aimé te faire changer d'idée
Mais tu n'en fais qu'à ta tête. Voilà tout

Désormais je sais à quoi m'en tenir, allez
Tu te fais tant de nœuds dans tes cheveux
Tu fumes des brunes des blondes et des roulées
Tu m'en veux comme si c'était moi le nerveux

De concessions en pardons tu ne peux pas dire
Non, ne peux pas dire que je ne fais pas d'effort
Je t'ai tant aimée pour le meilleur et pour le pire
Oui à la mairie oui à l'église oui si fort oui à tort

Je t'ai sauvée des eaux quand tu te noyais à Malibu
Sauvée des flammes sous le toit de Notre Dame
Sauvée du démon de minuit quand tu avais trop bu
Et sauvée tout court quand tu faisais tout un
mélodrame

Je croyais si bien te connaître
Pensais qu'un amour pouvait renaître
Que tu pouvais comprendre
Que tu pouvais l'entendre

Pendant que j'essayais, à sens unique
De trouver des solutions
Tu prenais les sens interdits pathétiques
Avec des contrefaçons
Tu grillais sans vergogne toutes les priorités en
donneuse de leçons
Sur l'autoroute tu klaxonnais comme dans Thelma
et Louise aux camions
En leur faisant un doigt d'honneur et les traitant de
pauvres cons

Le meilleur aurait été l'accident,
Le pire c'est que tu t'es mise à rire

Ce fut trop, j'ai vu rouge, sur la bande d'arrêt
d'urgence
Tu as laissé passer ta chance

Je t'ai laissé le volant et j'ai fui ma potence
Pour trouver ma délivrance
Car je t'ai vue enfin telle que tu es
Et où tu allais m'emmener
Dans des contrées qui n'étaient plus les miennes

Des yeux trop clairs

Que dire si aucun mot n'est assez fort
Qui vois-tu au fond de mes yeux trop noirs
Pendant que je caresse la misère tous les soirs
Quand eux payent pour être dans mon corps
Encore et encore

Le chat frileux ronronne puis s'endort
Le mari odieux une fois de plus s'en sort
Laisse sa fidèle épouse à son propre sort
Et je préfère de faux espoirs à finir dehors
Vivante mais morte

Ces hommes avec leurs yeux trop clairs d'aveugle
Ne voient pas le monde ils y tombent dedans
Ils n'entendent pas le ciel noir qui beugle
Ne savent pas qu'ils ne se relèveront pas vivants
S'en sortir ou mourir

Oh ce monsieur, pressé par le temps, ignoré par le
vent
Il aurait été un bon enfant mais il y a longtemps
Cela ne l'a pas empêché de devenir un méchant
marchand de sable
Qui passera pour t'endormir mais pas comme le dit
le conte ou la chanson

Allez, je vais vous raconter

Le marchand de sable a pour vocation d'endormir les mortels
Il a un sac et il enferme les enfants dedans en leur jetant du sable aux yeux
Il a une voix douce et grave pour séduire les jeunes filles
Il aurait tué son père, et ce serait un vieillard sinistre
Qui se livrerait à des expériences alchimiques sur les enfants la nuit venue
Le réveil du coq sonne au loin

Le marchand de sable s'est évaporé dans mon sommeil
L'homme aux yeux trop clairs ne m'a pas laissé une belle lune de miel
Pauvre face à l'éternel, j'ai les yeux encore plus noirs que la veille
Dans ce vieil hôtel, face à l'oubli d'un acte sans amour juste véniel froid séquentiel
Tu vois le sombre dans leurs yeux trop clairs
Leurs yeux trop clairs
Et les tiens trop noirs

Un jour peut-être

Un jour peut-être tu me comprendras
Je n'étais pas pire qu'un autre quand j'étais dans ta
ligne de mire
Quand tu auras tourné la page
Que tu auras mis au placard tant de livres avec rage
Peut-être que tu reviendras à ton grand amour
Celui qui fut ivre celui qui l'est encore
Et le sera à juste titre sans doute toujours

Un jour peut-être tu auras compris
Que tout ce que tu m'as pris
Tu ne me l'as pas volé, pas oublié
Et tout ce que tu m'as donné
Je l'ai encore précieusement enveloppé
En attendant ton retour

Un jour peut-être tu regretteras
L'enfant poète qui n'écrivait rien que pour toi
Et qui a tout perdu quand tu as disparu de son toit
Quand tu te retrouveras seule tout ouïe
Et que tu pleureras ce passé enfoui
Et que ressurgira l'essence de cette période de vie
inouïe
Tu regretteras les mots jetés en pâture dans la
nature,

Les mots non-dits bien mûrs comme du cyanure
Tu regretteras et tu sauras

Un jour peut-être tu ne m'en voudras plus
De mes virées nocturnes entre amis du lycée
Que j'ai su garder
J'en suis un petit peu navré.
De mes reproches sur tes proches
Qui se sont ligués contre moi
Et de mes quelques embardées
Lyriques et pas toujours symphoniques.
De ma vie trop dépravée à ton goût
Je peux comprendre que tu m'aies pris pour un fou
Un fou d'amour qui n'aura pas su garder son seul
amour

Un jour peut-être tu reviendras
Parce que tu auras compris
Parce que tu le regretteras
Parce que tu ne m'en voudras plus
Parce que la lettre de trop que je t'aurais écrite
Parviendra à briser ton cœur de fer
Parce que deux êtres qui s'aiment sont voués à finir
ensemble
Pour atteindre la lumière
Comme le fait le lierre sur un mur de pierre
Un jour c'est sûr
Je te l'assure

Ces souvenirs précieux

Quand je reviens sur ce long chemin de ma vie
Je garde une place précieuse dans mon cœur
Pour ma petite enfance dans les champs de fleurs
Ces souvenirs précieux vécus en autarcie

Mon père travaille, ma mère, elle, nous gère
Les enfants entourés de nombreux animaux
Ils aident à la terre, jouent aux petits chevaux
Des moments familiaux hors de toutes les guerres

Ces souvenirs précieux qui débordent d'amour
Ils seront toujours en nous éternellement
Nous n'avions jamais eu besoin de grands discours
Nous étions d'heureux terriens, d'innocents enfants

Dans le calme de ce temps à l'état sauvage
Le pire des mondes va nous emporter plus tard
Où il nous faut travailler et nous mettre en cage
Pour devenir grands et finir dans le brouillard

La mort n'est pas un bon chemin

Quand tu es mal, quand tu es seul, que c'est l'hiver dans ton jardin
Dis-toi que la mort n'est pas un bon chemin
Si tout s'écroule autour de toi, que demain c'est trop loin
Dis-toi que la mort n'est pas un bon chemin
Pas un bon chemin pour quelqu'un de pas vilain

Il t'est difficile d'admettre le venin de certains
Laisse la mort au bord de ton chemin
Si tes rêves tombent un à un sans fin
Souviens-toi que la mort n'est pas un bon chemin
Pas un bon chemin qui te voudrait du bien

Quand le ciel noir tombe en gros parpaings
Même là la mort n'est pas un bon chemin
Si aucune main ne t'aide à remonter du ravin
Tiens-le-toi pour dit la mort n'est pas un bon chemin
Pas un bon chemin pour le dernier des bains

La vie est belle,
Un peu de pain, du bon vin
Un pangolin peu plaisantin
Et deux saints mutins dans un train

Quand la ville sera détruite un beau matin
Tu sauras que la mort n'est pas un beau chemin
Quand le bien en vain se révolte dans les mains de
l'écrivain
Tu comprendras que tu n'y peux rien
Que la mort n'est jamais un bon chemin
Y compris vers la fin

Mes ami(es)

Je rejoue ton passé sacré pour j'espère un bel avenir
Demain on ne sera que poussière dans leurs
souvenirs
C'est ainsi, pourquoi s'en plaindre si l'on n'y peut
rien, tu as connu des jours heureux
Et des fins du monde de nombreux matins
Bobby

L'argent et la gloire ne rachèteront pas le sang que
tu as fait couler et celui qui ne coule plus dans tes
veines
Je dois partir ce soir à la recherche de ce que j'ai
perdu
Un mauvais jour de trop de peines
Ronny

La fille de l'hôtel, je ne l'ai pas sauvée pas plus que
moi ne m'en suis libéré
Elle avait les yeux noirs dans cette autre histoire
À tout bien considérer elle était exaspérée de ne pas
être désirée
Elle s'appelait Maggie

Elle s'était assise pas très loin de moi, sur une caisse
de bois

Elle n'avait qu'à claquer des doigts, pour me mettre sur sa croix

Elle pouvait faire tomber la pluie de mes yeux gris,

Me manger tout cru ou bien tout cuit,

La jolie Rosie je l'avais vue un mardi,

Et elle était sortie de ma vie le même mardi dans les bras d'un ami

Parti lui aussi depuis

Oh Rosie tout est blanc

De ma plume en demi-lune mon ami(e),

Je volerai vers toi et atterrirai dans ton cœur aux mille couleurs

Tu aimeras l'or que je n'aurai pas, les diamants que je ne te donnerai pas,

La vieillesse qui nous tiendra en liesse ensemble au jour le jour

La belle Debbie

Mes ami(es)

Faites sonner les cloches

Faites sonner ces cloches pour les Chrétiens
Depuis la cathédrale Saint Pierre
Faites sonner ces cloches pour les païens
Pour chaque fleur, chaque pierre
Parce qu'il n'est rien de plus beau
Que les différences sous le chapeau
Avec le temps rien ne s'en va, tout recommence
Vive les mariés, la belle alliance
Faites sonner ces cloches bande de vauriens
Au vent soufflant pour un autre temps
Faites sonner la reine du ciel
Pour les fêtes pascales
Voici le moment où les hommes se dépêchent
Pour aller à la chasse, à la pêche
Et quand la lune monte
Ils reviennent tous à la maison
Faites sonner ces cloches cher ami
Pour la fille de l'homme pauvre
Faites sonner ces cloches pour qu'ainsi chacun le sache
Que Dieu le peut
Que le berger peut se réveiller
Là où pleure le saule
Les montagnes regorgent
De brebis égarées

Faites sonner ces cloches pour tous ceux qui le
veulent bien
Pour tous ceux qui restent et tous ceux qui sont
partis loin
Faites sonner ces cloches pour les quelques maîtres
du monde
Qui fuient au soleil quand la partie pour eux
devient nauséabonde
Faites sonner ces cloches pour que chacun puisse
rentrer dans la ronde
Pour que l'enfant qui naisse
Ne se retrouve pas vite en détresse
Faites sonner ces cloches, Sainte Marie
Que nous entendions votre appel
Reine du ciel, belle du seigneur
Faites-les sonner depuis votre tour
Pour les jeunes filles en fleurs
Pour les vieux garçons en pleurs
Faites sonner tout votre amour
Pour qu'il soit aussi en nous

Tout est brisé

Brisé le cœur, brisées les assiettes
Brisé d'amour, brisé en miettes
Brisé le couple, brisés les gamins
Les amours heureuses ont toujours une fin
Pas la peine de se cacher la face
Pas la peine d'être de glace
Tout est brisé
Brisé le dos, brisée la santé
Brisée la voix, brisée la pâte feuilletée
Brisé le corps, brisés les os
Le temps nous rend moins fort, pas moins sot
Il nous emporte toujours plus haut
Il nous emporte les gros maux
Tout est brisé
Brisé l'ouragan, brisée la brise,
Brisée la bise, brisée la tour de Pise
Brisé le vent, brisé le mistral
Gagnant ou perdant brisé tu auras mal
Il semblerait que chaque fois que l'on souhaiterait
faire une pause
Quelque chose vienne nous murmurer
"Allez ose"
Brisées les voitures, brisées les banlieues
Brisées les lois, brisés les vieux
Brisée la société, brisés les révoltés
Brisés les jaunes, brisés les gilets

Dans tes filets ne ramener que le beau
Faire une sélection utiliser pour son nez le rabot
Chaque fois que tu veux partir
Pour trouver mieux ailleurs
Il y a toujours quelque chose qui te fait revenir
Au point de départ à la même heure mon cœur
Tout est brisé
Tout est réparé

En quoi suis-je mauvais

En quoi suis-je mauvais ?
Si je suis doux comme un agneau
Si cela me révolte mais si j'arrête de me battre
contre les salauds
Si je ne dis pas non et la joue à ma façon selon mon
idée

En quoi suis-je mauvais ?
Si je ne me bats plus contre les loups
Si j'en vois les méfaits, et si malgré tout je prends
des coups
Quand on a affaire à des animaux écervelés parce
que leur seul moyen d'exister c'est de tuer
En quoi suis-je mauvais ?
Si je ne me retourne pas dans mon fauteuil
Si je vois passer bien assis tous ces morts dans leur
cercueil
Quand la nuit je me bats avec des insomnies devant
ces flonflons bien bidons

En quoi suis-je mauvais ?
Si je ne suis qu'un indigné parmi une petite poignée

Si la tyrannie de la minorité aveugle la majorité en
quête d'identité

Si je réfléchis me pose et vais là où il me plaît

En quoi suis-je mauvais ?
Si je trouve toujours des excuses pour ne pas juger
Si je ne veux pas exécuter tous ceux qui ont péché
Peut-être parce que parmi tous les légumes je ne
suis qu'un navet isolé

En quoi suis-je mauvais ?
Si je ne fais rien pour que la fin du monde ne soit
pas demain
Si je ne fais plus confiance à cet humain qui a déjà
tout détruit c'est certain
Et pourtant il avait tout entre les mains, dans sa
tête, dans son cœur, le malin

En quoi sommes-nous mauvais ?

Ne faut-il pas plutôt choisir d'aimer plutôt que
d'être soumis à la peur, et l'on ne se posera plus la
question de savoir qui est bon et qui est mauvais.
Et l'on sera là encore demain fier d'être de grands
petits hommes

Etoile filante

Je suis parti des mois vagabonder
Dans le but de me retrouver
Et la nuit sous la constellation
En cherchant mon sommeil
Les yeux au ciel illuminé
J'ai croisé cette belle étoile filante
Et j'ai pensé à toi, sans toi

Tu es partie, vers un autre monde
Un monde qui m'est inconnu
Tu m'es devenue inaccessible
Je me pose des milliers de questions
Mais celle qui me dérange le plus
Est celle qui te demanderait
Si tu es là où tu voulais être

Je ne suis plus tout à fait le même
Tu es dorénavant mon totem
Qui dans chacun de mes poèmes
Clame haut et fort que je t'aime
Et aux fins du fond de l'anathème
Je suis plongé seul dans mes problèmes

J'ai vu cette étoile filante
Qui te ressemblait

Que toujours j'aimerai
Qui me poursuivra sur mon chemin
Qui serait ancrée dans mon destin
Aimante,
Amante,
Ma mante religieuse
Délicieuse peu sirupeuse
J'ai pensé à toi

Quand tu es partie
J'ai demandé à la lune
Pourquoi je m'étais brûlé les ailes
En jouant avec la plus belle des étincelles
Je ne devais pas être stupéfait de te voir t'éloigner
Sans que je puisse te retenir
Changer nos souvenirs en bel avenir
Il était trop tard quand je t'ai vu filante
Définitivement se perdre
Dans cette nuit étoilée

Toute Bleue

Il était une fois une petite fille
Elle vivait sur une planète toute bleue
Il était une fois une petite fille
Elle vivait sur une planète toute bleue

Il y avait un vieil homme sur la lune féconde
Un soir d'août le hasard fit qu'il passa par là
Un soir d'août le hasard fit qu'il passa par là

« Une nuit petite tu détrôneras le roi
Petite fille tu deviendras la reine du bal
Tu deviendras la reine du bal, crois-moi
Le vent soufflera, le tonnerre grondera
Ton temps sera compté ma belle petite »

Le vent cessera, le tonnerre se terrera
Tu seras devenue une grande, un bon joyau

Tu ressembleras à ta maman comme deux gouttes
d'eau
Tu auras le secret bien gardé de pouvoir enfanter
Les oiseaux chanteront et autour de toi ils feront la
ronde
Les cloches sonneront, les hommes se courberont

Puis le vieil homme rentra chez lui, sur la lune
ronde
Sans oublier d'offrir à la petite fille, un petit flacon
Avec à l'intérieur,
L'élixir de l'amour

Qui sait ?

Il sait que tu n'es pas jolie,
Elle sait que c'est vrai, la garce
Tu sais que personne je te le dis
Personne ne prendra ta place

Tu sais que c'est un combat,
Dieu sait que c'est un crime,
Mais qu'est-ce qu'il fait là lui
Tu n'es pas sa victime

Il n'a pas appelé ça mentir
Pour une amie, c'est fini
Elle n'a pas appelé ça trahir
J'ai de la haine à demi

Depuis tu pleures les larmes de ton corps
C'était censé ne durer qu'une saison
Depuis tu pleures les armes en ton fort
C'était censé ne durer qu'une saison

On dit que tu es trop fragile,
Mais ces on, ils se sont jamais brisés
Brisés en un clin d'œil par une fille facile
Un peu trop prisée, trop favorisée

D'autres trouvent que c'est terrifiant,
D'avoir tant aimé, tant de temps
Que c'est vraiment décevant
Toi qui espérais être enfin maman

Je sais que quand tu y repenseras,
Il t'arrivera de pleurer les bons moments
Que quand tu t'endormiras
Tu emporteras ce prince même pas charmant

Dieu sait qu'il y a un paradis
Dieu sait qui ira là-bas
Dieu sait qu'il y a un enfer
Dieu sait qui ira là-bas
Mais tu n'es pas prête

Tu crois toujours au hasard
Et attends avec impatience
Que viennent ces moments de fête
Mais qu'ils ne viennent pas trop tard

Malade d'Amour

Je déambule,
Te cherchant jusqu'à me mettre en péril
Déambulant je marche sur les toits de la ville

Mon corps est fatigué, mon esprit aux aguets
Alors que le ciel est très encombré
J'entends

Est-ce les dieux du ciel au loin ?
J'entends
Est-ce les pleurs d'une fillette au coin ?

J'ai rêvé que tu revenais
Et tu m'aurais ignoré
Pendant que je dormais

Je suis malade d'amour, depuis ce jour
Où dans ma cour, tu m'es apparue
Nue à contre-jour
Mais je n'en peux plus

Je vois, je vois deux amants
Éternellement
Je les vois

Partants et revenants
Mais ce genre d'amour
Je n'en veux plus maintenant

Parfois, le silence est pesant
Écrasant, menaçant
Dans ce labyrinthe sans issue

Mon ombre est trop sombre
Et la tienne m'encombre
Je suis malade d'amour
Guérirai-je un jour ?

Je suis malade d'amour
À attendre ton retour
Je meurs un peu plus chaque jour

Parfois je préférerais ne t'avoir jamais rencontrée
Je suis malade de cet amour à jamais lié
Il m'est impossible de t'oublier

Je ne sais vraiment plus quoi faire
Pour te revoir je donnerais tout
Même mon âme au diable

En pleurs sur la piste

Je marche triste
Ma tête à l'envers
Hier j'étais premier sur la liste
Aujourd'hui je pleure seul sur la piste

Je n'ai plus de royaume
Plus de reine ni de trône

Mais si je te vois et si tu veux encore de moi
Je ne crois pas pouvoir vivre à nouveau avec toi
Sous le même toit, la même loi pour une dernière
fois
Depuis que tu m'as laissé seul sur la piste
Je me sens comme un alpiniste sans corde

La montagne fut trop dangereuse
Je me suis brûlé les ailes,
Suis tombé cent fois
Noyé, eus maints coups de froid

J'écris et crie en silence ma peine
Je te prie de me briser les chaînes

Tu n'as pas voulu disparaître nuit et jour
Le fantôme de nos amours rode toujours

Tu m'as laissé en pleurs, sur la piste, seul
Sous un ciel noir enveloppé dans mon linceul

Il a fallu se battre seul contre tous
Gagner pouce à pouce
Perdre contre un bonhomme en mousse
Et revenir sans ternir mon avenir
Le temps bon an mal an s'est envolé
Comme un oisillon porté par son malheur
En essayant de prendre son envol sans jamais y
arriver
Faisant une bonne proie pour tant de prédateurs

Les cloches sonnent pour l'auteur,
Le compositeur, l'interprète,
Le bon la brute et le truand
Ou peut-être pour le spectateur
Pas sûr que cela soit pour moi
Pour toi
Pour nous
Cela serait fou de te reprendre
Après toutes ces années à essayer de t'oublier
Après tout le mal que l'on s'est fait
Après tout ce temps à chercher à comprendre

J'ai dansé la country
Avec tous tes sosies
Dans de nombreux pays

Mais jamais je n'ai frémi
Autant qu'avec toi Rosie

J'essaie de vivre depuis
Depuis que je suis tombé
Tout au fond du puits
Vais-je atterrir dans un monde fantastique ?
Sur une île de l'océan Atlantique ?

De te voir ici ou là-bas
M'amènera dans l'au-delà
Avec toi
N'ai-je pas toujours fait n'importe quoi ?
Alors pourquoi ne pas recommencer
Une dernière fois à nous enlacer
En pleurs sur la piste tous les deux, mais de joie

Atteindre le paradis

Une nouvelle fois les cieux se mettent à gronder
Moi à suffoquer et si c'était la dernière fois ?
J'ai longtemps marché sous le feu d'un avenir incertain,
D'un passé accablant s'évaporant au fil du temps
Alors j'ai poursuivi dans ce désert éprouvant jusqu'à espérer
Atteindre le paradis avant que les portes ne se referment

Quand j'ai passé la frontière ils ne voulaient point d'un migrant
Je suis parti précipitamment dans un mensonge dément
Pourquoi as-tu brisé un cœur qui t'aimait
Comme aucun ne pourrait jamais aimer
Tu peux brûler tous mes poèmes Dylaniens
Maintenant
J'ai marché dans la steppe infernale pour oublier les traîtres
Atteindre le paradis avant que les portes ne se referment

Les bateaux d'animaux se remplissent
Y a-t-il une place pour l'homme seul ?

Sans la compagne aux longs cheveux blonds lisses
Y a-t-il une place pour l'homme qui pleure ?
Malade d'amour à chaque heure du jour
J'ai traversé le fleuve violent en ce soir d'orage il me fallait
Atteindre le paradis avant que les portes ne se referment

J'ai pris le train pour faire pleurer mes amis
Pour ne pas rester assis amer sur le quai
Pour rejoindre les mystères de l'ouest
Pour que l'on me remette sur les rails de la vie
Je souhaitais échapper à ces mauvais présages
En allant le plus loin possible
Vers ce ciel brûlant
Avant que les portes ne se referment

Je suis descendu j'ai pris un bus rouge pour le cirque du bout du monde.
Plein à craquer d'individus tondus je me suis fondu dans la masse
Tous étaient debout, ailleurs, sens dessus dessous
Une fille qui te ressemblait m'a frôlé froide et si frêle
Que j'étais prêt à agir s'il fallait que je la ramasse
C'était nouveau pour moi de me préoccuper de la fragilité
D'un être même à demi-vivant

75

Quand il n'y eut plus de route
Le conducteur a freiné légèrement trop sec,
Ma main a attrapé par l'avant-bras ce corps de plumes à côté de moi
Qui était en train de tomber inexorablement
Quand la fille a tourné son regard dans le mien sans expression, un ange est passé
Mais déjà tous les gens sans bruit se sont mis à avancer
Avant que les portes du bus ne s'ouvrent
Une fois tous descendus,
Le troupeau est parti dans la même direction
En silence sans attendre
Moi je suis resté à regarder le bus faire demi-tour
Et repartir au loin dans la poussière jusqu'à le voir disparaître
J'étais seul dans ce paysage presque lunaire
Avec la fille qui n'avait pas suivi la cohorte
Mais qui la regardait s'acheminer sans sourciller
Elle m'a regardé de ses yeux bleus très clairs
Et m'a demandé si nous étions arrivés au paradis céleste

Je n'ai rien dit
Je lui ai pris la main
Et nous sommes partis

Afin que tu saches que je t'aime

Quand la pluie inonde tout ton visage
Que tu ouvres en grand toutes les cages
Je te prendrai dans mes bras d'une douce étreinte
Afin que tu saches combien je t'aime

Quand dans la nuit trop noire tu as trop peur
Et que nul ne se préoccupe des larmes de ton cœur
Je te serrerai contre moi pendant des heures
Afin que tu saches combien je t'aime

Je veux vaincre tes doutes sur notre amour
Je veux te convaincre de venir au grand jour
Sache que jamais je ne ferai de mal à une sainte
Je sais qui tu es et jamais je ne me sauverai

Je serai ce que tu chercheras à Paris
Voyou de deux sous à Las Vegas
Charmeur de serpent à Marrakech
Clown triste sur la piste de Courchevel
J'irai sur la lune, Mars ou Vénus
Pour toi je ferai tout,
Je serai tout
Même un doux fou
Afin que tu saches combien je t'aime

Quand la tempête fera plus que rage
Que la peste nous fera tourner la page
Je serai ton héros le plus grand, le plus sage
Celui que tu n'as jamais vu même en image

Je te rendrai heureuse, je réaliserai tes rêves
Pour toi je ferai tout
J'irai jusqu'aux confins d'un monde qui s'achève
Afin que tu saches combien je t'aime

Je ne peux plus attendre

Je ne peux plus attendre
Attendre que tu changes d'avis
Avec le temps j'ai changé tu sais
Il se fait tard, il est plus de minuit
Les guerres ont cessé, je suis en paix
Sans refaire le passé tout n'est pas cassé
J'ai mis de l'ordre dans mes pensées
Des gens sont montés, d'autres sont descendus
Certains ont pris le train en marche d'autres l'ont vu
passé
Mais pour toi la place a toujours été réservée,
En première classe
L'air est insoutenable je ne peux plus attendre

Je suis à toi, tu es en moi
Je t'aime tant
Rappelle-toi comme tu m'as tant aimé avant
Et tu reviendras dans mes bras
J'ai gardé tout ce que tu aimais
Et jeté ce qui nous a séparés
Crois-moi je ne bois plus je suis droit
J'ai cette foi
Et j'ai toujours aussi froid sans toi contre moi
J'ai attendu une éternité sur le palier
Je ne peux plus attendre

Grâce à toi j'ai pu
Traverser des déserts,
Vaincre de froids hivers
Rien qu'en pensant à ce que tu fus
Rien qu'en continuant
À t'aimer comme un éternel amant
Pourquoi t'ai-je toujours aimée autant ?
Pourquoi le vent n'a pas tout déblayé devant ?
Pourquoi le prince charmant n'a-t-il pas encore
réveillé la belle au bois dormant ?
Réponds-moi

Si le hasard pouvait te faire réapparaître
En chair, en colère, même en meurtrière
Si je pouvais revoir ton visage
Même derrière un grillage
Si je pouvais te toucher, te caresser
Quitte à me piquer, et même me faire agresser
Si je pouvais entendre ta voix, t'entendre crier,
aboyer, miauler
Si je pouvais goûter au bonheur
Goûter les larmes de ton cœur
Le sel de ta peau, les gouttes de pluie
De tes yeux blessés, aveuglés
Si je pouvais sentir ton parfum
Le chemin d'où tu viens
Allez viens

Je ne peux plus attendre longtemps
Mon temps est compté

Je suis un condamné
Damné à t'aimer jusqu'à la fin des temps
À ne plus revoir de printemps
À me rappeler les bons moments
Où tu aimais tant nos jeux d'enfants

Maintenant je suis vieux
Et de t'attendre indéfiniment
N'est certainement qu'un vœu pieu
Mais si tu m'entends
Je t'attends,
Je t'attendrai
À chaque instant
Et même après
Tu auras toujours ta place
Qui t'attendra

Clair de Lune

Les saisons défilent et mon triste cœur est à tire-
d'aile
D'entendre à nouveau le doux son mélodieux du
chant de l'hirondelle
Viendra-t-elle me retrouver seule au clair de lune ?

À la lumière du crépuscule, quand le jour s'est
alangui
Entre petites pensées, coquelicots et pissenlits,
La terre et le ciel se mêlent au fruit de mon envie
Viendra-t-elle me retrouver seule au clair de lune ?

L'air pesant est de plus en plus suffocant
Le long du fleuve zigzaguant dans les champs
Là où les oiseaux de passage ont posé leur flanc
Viendra-t-elle me retrouver seule au clair de lune ?

Je prône la paix et l'harmonie
Et les bienfaits de l'empathie
Je sais saisir les bons moments de la vie
Et je la ferai passer de l'autre côté de la rive

Inutile de s'attarder ici ou là
Il ne faut pas qu'elle soit oisive
Je sais le genre de choses qu'elle aime

Le ciel s'est empourpré
Certains sont tombés dans les prés
Jugés, condamnés, deux trous rouges au côté
Droit, j'attends le cygne dans toute sa beauté
Venir me retrouver, soliste au clair de lune

La main sur la poitrine
Je fais un somme étendu
Dans le frais cresson bleu
Où chante une rivière

J'entends le chant des sirènes
Elle danse avec les loups
De la guerre des roses, au dahlia noir
Jusqu'à la dame aux camélias
Viendra-t-elle seule me retrouver au clair de lune ?

Au clair de lune
Elle viendra seule me retrouver

J-1 en absurdie

Je suis absurde, tu es absurde
Et tant d'absurdité
Pour quelqu'un qui n'est pas kurde
Cela vaut bien une bonne surdité

J'ai une maison sur la colline,
J'ai deux poules crétines
Ce n'est pas une petite maison dans la prairie,
Elles s'appellent Laura et Nelly
Mais mes poules sont cul et chemise, elles

Je roule dans une Twingo coquille d'œuf
Elle est décapotable,
Je suis fier comme un coq
Je ne l'ai pas choisie,
C'est la tante de ma chérie qui me l'a dit

Une des deux poules a fait un œuf d'autruche
Je crois que je n'ai jamais vu les Tuches
J'aime toujours autant les peluches
Et dis papa c'est quoi une baudruche

« C'est la fine pellicule provenant de l'intestin
Du bœuf ou du mouton mais pas de la poule
On dit aussi d'un ballon de baudruche qu'il roule

On dit aussi que tu es stupide mon fils
Comme ton père ».

Toutes les filles perdues disent de moi avec saveur
Que je suis leur sauveur, mais Angèle elle en pense
quoi
Sans parler de sa chatte, des chiennes, de mes deux
poules,
De tous les porcs qu'elle balance
Et de l'arche de Noé qui va arriver à bon port

Les clichés sonnent sonnent comme les cloches
J'en ai plein les poches de mes yeux, plein les
sacoches
Lourdes comme des bouteilles de butane
Et j'ai plein de mioches disséminés
Parce que je suis quelqu'un de très aisé
Et d'une grande renommée qui a beaucoup procréé
sans le déclarer

La strophe qui suit est piquée à Bob Dylan
Je la copie colle car je l'aime tant nonobstant
« Elle me regarde dans les yeux, et me tient la main
et me dit "On ne peut pas revivre le passé,"
J'réponds "On ne peut pas ?
Comment ça, on ne peut pas ?
Bien sûr qu'on peut."
Il est 3 heures du matin, j'en perds mon latin

À écrire cette chanson « à la con » sans refrain
J'entends le ronflement du réfrigérateur
À moins que cela ne soit le tien mon cœur
Je vais peut-être t'étouffer tout de go
Ou ouvrir la porte du frigo
Manger les restes d'hier du chou-fleur
Ou te regarder morte jusqu'à prendre pleur

Je n'aime pas les belles voitures
Dans la mienne les jolies filles n'y montent pas
Je ne roule pas vite, ni ne roule les mécaniques
Ce n'est pas mon style, moi j'ai l'air plutôt débile
Seul dans ma Twingo
En plus la banquette arrière est toute petite pour faire
Pour faire le pogo

Dieu devrait m'appeler prochainement, rentrer en piste, après mon père je suis le suivant sur sa liste
J'ai d'ailleurs un kyste, je vais attendre qu'il grandisse

La Palice ne disait-il pas :
« Un quart d'heure avant sa mort il était encore vivant »
J'en ferai mon épitaphe
Au pays de l'absurdie

Pleure un peu

Je suis descendu voir un certain Jean Goldman
Un sale type vicieux, arnaqueur et petit trafiquant
J'y suis allé pour te faire plaisir en échange de ton
joli sourire
J'en ai pleuré des larmes, à ton tour de pleurer aussi,
baby

Je n'ai peut-être pas de riche ascendant ni un passé
florissant
Mais je suis un gentil parmi les méchants et non le
contraire à ton grand dam
Je suis droit dans mes bottes et je sais que tu n'es
pas sotte
J'en ai pleuré des larmes, à ton tour de pleurer aussi,
baby

Tu vois que chaque jour que le soleil se lève je me
bats
Et quand j'abats mes cartes, je sais où tu vas avec
ou sans moi
De grandes tours se sont effondrées mais notre
amour
Lui, il tient toujours avec quelques détours
J'en ai pleuré des larmes, à ton tour de pleurer aussi,
baby

De mauvais plans tu en as joué contre moi et ce combien de fois
Rappelle-toi ce petit caïd de John qui t'en promettait des tonnes,
Un chauffeur et quinze bonnes
Il t'a prise pour une conne
Il n'a pas fallu longtemps pour que dans ta tête cela sonne
J'en ai pleuré des larmes, à ton tour de pleurer aussi, baby

La nuit dernière de pleine lune j'ai entendu tout un tas de loups
Tu étais dévorée par la meute et tous ces miroirs aux alouettes
Je suis sorti en sueur
De mon mauvais rêve tu étais encore là en chair ma jolie fleur
Et j'en pleure des larmes, à ton tour de pleurer aussi, baby

Les couples se font et se défont au plafond et nous on s'aime pour de bon
Un jour tu me donneras un garçon, pas comme moi, meilleur en somme qui aura une bonne situation
Ou cela sera une fille, belle comme sa mère qui tirera le gros lot ou nous tuera en mille morceaux

J'en pleurerai des larmes, à tout tour de pleurer aussi, baby

Mais avant on se mariera à l'église et touti quanti
Il y aura juste quelques amis et ton vieux papy qui t'a tant chérie
On fera la fête jusqu'au petit matin avant de prendre un bon bain dans cet océan glacial c'est certain
Nous en pleurerons des larmes, à leur tour de pleurer aussi, baby

On vieillira main dans la main tous les matins et le soir on sera corps contre corps en attendant de beaux lendemains
Tu seras toujours aussi jolie et moi toujours de toi, aussi ébahi, aussi épris de ta douce folie
On aura choisi une petite vie tranquille dans une petite ville pas trop grise
Puis un jour tu pleureras seule baby, je serai parti t'attendre au paradis

Agité et retourné

Je me suis agité et retourné toute la nuit,
Toi tranquille à mes côtés
Tout la nuit j'ai pleuré, mais mon Dieu qu'ai-je fait ?
Je me suis réveillé ce matin,
J'ai dû briser pour toi mon portemonnaie

Je n'ai pas eu grand-chose, j'ai eu de grands malheurs
Toi aussi tu as eu ta dose,
Je n'ai pas peur c'est mon heure
Jolie fée de tes charmes tu m'as retourné la tête
Pour me faire ma fête

Je brille de mille éclats grâce à toi, ver luisant
Dans la lumière dorée
Tu es pour moi trop séduisante
Tu m'embarques là où tu vas,
Tes appâts pour moi trop tentants
Tu as su me conquérir je sais te chérir maintenant

Tu as su aussi me tourmenter
Et combien de fois me quitter
J'ai tout essayé pour que tu t'éloignes de mon esprit
J'ai tout tenté, j'ai payé, j'ai souffert
Et je t'ai fait souffrir puis tu es revenue

Tu étais nue, parvenue à tes fins, jamais déçue
Les loups tu les tiens par le cou
Et ils deviennent fous
Ces cauchemars en boucle, je les mange cru

Tu es tout, beaucoup, beaucoup trop, au galop
Tu n'es la bonne de personne
Et moi je suis ton valet,
Ton valet de cœur ma jolie fleur
Qui jamais ne meurt

Puis j'ai su te dompter, t'apprivoiser, t'amener
Dans ma cour, sur ma piste, vers le même chemin
Que le mien celui qui nous étreint

Et qui nous promet de beaux lendemains
Avec des bambins à savourer le lait de tes seins
À s'endormir dans le creux de mes bras sereins

Je me souviens de cette nuit agitée
Quand tu m'as dit que tu voulais te marier
Avec celui qui t'avait retrouvée
C'est cette nuit-là que l'idée est venue de créer
Alors on l'a fait et tu en as eu pour tes frais
Tu es passée, de la petite fille vilaine,
À la grande femme gentille

Les années ont passé,
Nous n'avons plus rien à nous faire pardonner
Nous ne nous sommes jamais agités
Et nous ne nous sommes jamais retournés

Le bonheur nous a attrapés
Et jamais il n'a filé

La complainte du travailleur #3

Le crépuscule s'installe sur la ville
Et je me sens de plus en plus petit
Mon pouvoir d'achat est minuscule
L'argent s'évapore je n'ai pas d'appétit
Mais que demande le peuple quand il pleure
Si ce n'est plus de justice sociale et de partage
Si ce n'est de ne pas être exploité, d'avoir peur

Quand il faudra avec rage sortir de sa cage
Pour la sacro-sainte compétitivité
Faut-il accepter ce temps d'esclavage
Faut-il accepter les grandes inégalités
Faut-il être sauvage, avoir la rage
Que deviendrez-vous si je meurs
J'ai laissé ma haine au garage pour vos beaux
visages
Quand je chante et que tu fais les chœurs
Car nos enfants n'ont pas l'âge de me voir qu'en
image

Ne traîne pas derrière, rejoins-moi au fond
Amène-la guitare et accepte notre labeur

Tu peux chanter et pleurer un peu
Ou te battre de ton mieux sur la ligne de front

Chante un petit bout de ce blues du travailleur

Eh bien les temps viennent de changer
Pas comme on l'espérait
Tu sais on n'y a rien gagné
Nous sommes passés d'esclaves au bureau
À enfermer à double tour chez soi
L'écran fait défiler des chiffres et des maux
Que personne ne comprend, tu vois
Ce que je veux dire, ça sent mauvais pour
l'humanité
À l'autre bout du monde c'est pire,
On ne devrait pas se plaindre de ne pas y être né
Le président va parler, c'est jeudi, qui pour
l'écouter,
Qui cette fois va morfler
Et qui va ronfler
Qui va en profiter
Le tonnerre gronde, les eaux se déchaînent
La terre s'épuise et nous dans tout ça à la peine

Ne traîne pas derrière, rejoins nos démons
Amène-la guitare viens faire les chœurs

Tu peux mourir sur la ligne de front
Ou chanter et pleurer un peu sur un bon son
Chante un petit bout de ce blues du travailleur
Nous sommes en guerre et nulle prière

N'est nécessaire avant qu'il ne m'enterre
Les coups reçus, les mauvais coups perdus,
Les os à nu, les espoirs déçus,
J'ai tout vu
J'ai travaillé des jours sans fin
Tu as travaillé des nuits sous l'eau
Et à la fin du mois
Il y avait toujours ces hommes aux abois
Il y avait toutes ces nouvelles lois
Et ces trop nombreuses croix
Heureusement oui heureusement
Qu'il y avait toi sous notre petit toit
Toi et notre grande famille
Aux yeux qui brillent
Au feu qui frétille
À l'amour qui scintille

Rejoins-nous,
Viens devant, mon premier et dernier choix
Amène-la guitare viens porter ta voix
Tu peux sauver des âmes grises chanter et donner
tout
Chanter ce petit bout de ce « working girl blues ».

L'esprit en haut de la terre

Pour l'esprit en haut de la terre
On n'fait pas forcément la paire
Je pense tant à toi baby
J'ai du mal à m'endormir

Je vais aux quatre coins du monde
Pour tourner et tourner les pages
Mais dans mon esprit tu rodes
Je ne peux casser ton image

L'oubli était presque arrivé
Quand tu as débarqué à temps
Je savais et j'ai toujours su
Que nous sommes du même vent

Quand tu t'approches de moi
Je suis si fou de ton minois
De toi à moi n'y a pas que ça
Et toi de moi t'en penses quoi ?

Cela ne s'explique pas voilà
L'amour te prend toujours de court
Et ne te quitte plus mécréant
Quand il te prend dans ses bras

J'ai traversé des océans
Me suis brûlé sur des volcans
Perdu des batailles en enfer
Mais avec toi je suis aux anges

Le jour où je ne t'aurai plus
J'aurai tout perdu tout perdu
L'amour au fond de l'océan
Mon âme a un revenant

Tes choix je ne les comprends pas
Quand tu danses un pas en avant
Puis tu fais deux pas en arrière
Je ne sais pas où tu nous mènes

Mais quand t'es là à mes côtés
Rien non rien n'a d'importance
Je ne peux pas être plus heureux
Qu'un vieux en cure de jouvence

Ton corps est tout en sucrerie
Ton parfum des plus enivrants
Je veux la prunelle de tes yeux
Laisse-moi te croquer sans fin

Jamais je ne te décevrai
Je veillerai sur toi la nuit
Le jour j'exaucerai tes vœux
Promis je te le prouverai

L'esprit en haut de la terre
N'a pas à s'inquiéter, ma chère

J'parle pas

Comme je partais ce matin dans les verts pâturages
Les fleurs des champs étaient butinées par une
poignée d'abeilles
J'étais simplement heureux de n'être là que de
passage
Personne n'était là pour taper sur un vieux ou une
vieille

J'parle pas, je fais des pas
Mon cœur brûle de désir
Dans ce monde perdu las
Je pars vers la station Mir

On dit que de là-haut le pouvoir n'est plus entre ses
mains
Que l'homme ne fait plus la distinction entre le mal
est le bien
Je fais ce que je peux sans pour autant me
considérer comme un saint
Hélas la propagande quand tu nous tiens

J'parle pas, fais de petits pas
Mon cœur brûle il te désire
Dans ce monde où bonheur n'y a pas
Rejoins-moi dans mon beau délire

Ils pleurent tous l'ancien temps celui juste d'hier
Celui où l'on s'embrassait, où l'on se rassasiait
De l'écrire j'en pleure la gorge sèche peu fier
De ne pas m'être assez battu, d'avoir fait le niais

J'parle pas, marche sans appât
Sur cette terre sans mer ni frère
Mon cœur noyé, encore se bat
Je traverse les cités de la peur

Le monde ne tourne pas plus mal
Il ne tourne plus, le temps s'est figé
Il faut chercher pour trouver la diversité animale
Il est trop tard pour faire marche arrière tu n'as pas
pigé

J'parle pas, je marche, pour moi c'est tout
Je mange des racines et quelques pois mange-tout
aux œufs de fourmis
Mon cœur brûle, au désir un peu saoul
Un jour je serai « so happy » de te retrouver ici

Ils nous ont écrasés de leur cupidité, c'était bien fait
Pour nous qui ne nous sommes pas révoltés
Nous nous sommes laissé embobiner
Maintenant plus de pâte à tartiner de miel à récolter

Je ne parle pas je marche, un point c'est tout,
Avec ma canne de pèlerin, mon carnet d'écrivain
Mon cœur se consume, l'amour au bout
De mon misérable cerveau j'essaie de te chasser, en vain

Combien de loyaux compagnons j'ai perdu en chemin
Combien sont devenus assassins ou petits fantassins
Et pourquoi dans ces sombres lendemains
Je t'aperçois sur cette longue et solitaire route balisée de croix

Je ne parle plus, je marche, vers où
Je souffre tant bien que mal, j'avance, sans le moindre sou
Tant que mon cœur bat, que tourne la roue
Que ne l'on m'enferme pas avec vous les fous

Les cieux sont éclatants et la lune m'accompagne
Le soleil brûle toujours plus et les hommes s'embrument
Et toi voleur de princesse que deviens-tu sur ta tour de Magne ?
Et toi belle blonde es-tu devenue brune, veux-tu redevenir ma compagne ?

Je ne parle pas je poursuis mon aventure
Je porte le fardeau d'un homme à moitié mort
Mon cœur brûle son sort, il désire encore
Je marche avec une obstination si pure

La souffrance est toujours oppressante
Mais dans des moments d'immenses vides
Une brindille de vie, un miracle peuvent apparaître
bien présents
Pour moi ce fut ce soir de toucher à la commissure
de tes lèvres une minuscule ride

Tout ton corps me parle, je ne marche plus,
Tu me racontes ton long parcours
Dans mon cœur recollé il ne pleut plus
Depuis que retrouvé règne l'amour

Puis ensemble jusqu'à la fin des temps nous avons
marché,
Gravi des montagnes, traversé des plaines
Le désir ardent, le cœur léger,
Et nous avons dit au monde qu'il valait la peine

Si jamais, vous allez en ville

Si jamais, vous allez en ville, vous feriez mieux d'y réfléchir à deux fois
Ne vous arrêtez pas à la gare, vous finirez les bras en croix
On vous cherchera la bagarre, croyez-moi vous ne marcherez plus jamais droit
Vous allez courir dare-dare, car vous êtes une belle proie

Vous feriez mieux de faire gaffe aux miauleurs, aux aboyeurs, aux oiseaux de malheur
Si vous tombez dans un traquenard, faites-le avec les honneurs
N'attendez pas votre sauveur, soyez leur crève-cœur
Car un jour, à leur tour ils auront la peur de mourir sans douceur

Si vous ne voyez plus de couleurs mais que des ombres, et si vous touchez le sol de votre douce joue
S'ils vous ont mis en joue, s'ils vous ont mis à genoux, et s'ils étaient à moitié saouls
C'est que la ville et les vils ne sont pas faits pour vous, petit hibou

Retournez-vous, regardez le ciel et les étoiles
nu sans vos faux bijoux

Les hommes sont des fous et les pommes vertes
tombent
Les gens viennent à la ville faire fortune et
reçoivent sur la tête des bombes
Les hommes partent sur la lune, derrière eux à
perte de vue des tombes
C'est l'hécatombe, au-dessus quelques vols de
quelques colombes

Je suis malade de cet amour de toujours de ce mal
qui rend débile
Dans cette ville sombre, remplie de décombres je
cherche Debbie la fille indélébile
Elle a dû tomber mais il est peut-être temps de la
ramasser avant qu'il ne soit trop tard
Si vous en entendez parler, bon an mal an, je vous
donnerai de vous à moi tous mes dollars
Mes amis eux aussi ont cherché dans toute la
blafarde ville
Ils ont cherché partout sans rien laisser au hasard
avec des chiens et des fusils
Des beaux quartiers aux ghettos ils ont fouillé la
moindre cage d'escalier le moindre placard doré,
l'indice le plus futile
Mais sans succès

Et maintenant seul je vais errer pour l'éternité
En pleurs dans cette ville hostile et stérile

Alors si jamais, vous allez en ville
Rejoignez-moi

Je ne t'oublierai jamais

Tu t'es perdue
Et avec toi nos souvenirs
Se sont évaporés dans les limbes
Je souhaitais tant te voir revenir
Mon ange dans les nues
Le temps comme du pain perdu

Tu t'es perdue
Et tu m'as perdu
Dans un monde inconnu où je ne ris plus
Où dans la rue tout est devenu saugrenu
Toi qui fus ma plus belle des vues du haut d'une
grue
Et qui sera toujours mon élue

Tu t'es perdue
Dans une ville où
En vain je t'ai cherchée partout
Sans toi la vie est si dure si impure
N'entends-tu pas mes pleurs dans ce lieu peu sûr
Sous un ciel rouge une planète plus très bleue

Je ne tourne plus très rond
Je vieillis et toi tu es restée la même
La fille qui aura éternellement vingt-quatre ans

Et que j'aime
La fille aux longs cheveux blonds
Que j'ai faite mienne, que j'ai faite reine

J'ai oublié mon cœur sur une croix de bois
Et dans ma tête définitivement j'ai fait ce choix
Je suis mort à mon triste sort sans ton corps
Depuis que tu as fermé la porte derrière toi
Je ne t'oublierai jamais, à raison ou à tort
Jamais

Ce rêve de toi

Je suis encore là mais pour combien de temps,
Sur ce banc dans ce parc où partout je te vois en grand,
J'attends depuis des jours depuis la nuit des temps.
Du temps des fleurs à celui des cerises,
Du temps des feuilles à sang à celui des feuilles mortes,
Je me mens.
Sauf que c'est ce rêve de toi qui me fait vivre,
Me sauve du fin fond de l'océan

Les beaux souvenirs reviennent inlassablement
Et renaissent de leurs cendres en instant de géant
Quand je disparaîtrai de ce temps ancien cette mémoire tu la garderas sous seing
Je renaîtrai de nulle part j'en suis certain
C'est ce rêve de toi qui me fait vivre me donne tant et me reprend, emporté par le vent

Je suis ailleurs mais mon regard est toujours tourné vers ce toi, qui ne fus pas à moi
De ce toi qui fus je ne sais sous où, sous un toit avec un autre que moi
Je n'ai eu droit qu'à ton ombre, je n'ai pas eu le choix d'être sombre ou pas

Mais c'est ce rêve de toi qui m'a permis de rester droit, de ne pas avoir trop froid

Je fus aveugle, sourd, muet, idiot, trublion
Je n'ai rien senti mais je t'ai à seau ressenti
Un flot d'émotions avec son lot de sensations
Trop loin de toi et trop plein de toi, anéanti
Ce rêve de toi m'a permis de vivre à tes côtés
Si tu ne le savais pas, voilà chose faite mon aimée

Un fantôme de moi t'a-t-il poursuivie
Comme un métronome à l'infini
Sans trouver la porte de sortie
Dans ce rêve de moi bien en vie
Es-tu ma femme, suis-je ton mari ?

Dylène

Tu descends le sentier, tu marches vers le soleil
Tu ressuscites le mort, tu fais pleurer le ciel
Dylan, Dylène
Je suis le petit prince, tu es la majestueuse reine

Ce chemin du bien c'est le tien, le mien est tortueux, viens
Viens je n'attends que toi, comme gentiment un chien attendrait son maître parti depuis trop longtemps
Dylène la mienne
Tu le sais je n'ai rien eu de très charmant quand tu fus ma princesse un temps

Pour sûr elle ne m'en veut pas, elle assure la fille aux yeux si purs
Elle sait ce que je peux ou ne peux pas, je la veux pour me rendre heureux
Dylène ma reine
Elle seule sait mes fêlures et mes moments durs
Je l'aime, je le jure

Il n'y a qu'elle, dans mes rêves, à la ville, sur le devant de la scène.

Il n'y a qu'elle, Adam aime Eve, il n'y a pas de dilemme.

Dylène ma Jolène, mon étincelle,

Tu es la sève qui coule dans mes veines,

Dylène, tu es toutes mes chaînes

Tin Angel (Ange d'étain)

Il était très tard quand il rentra du boulot,
Le travail n'aurait pu attendre au lendemain.
Sa belle aura bien remis le repas au chaud,
Dressé la table, assise le cœur sur la main,
Heureuse, le chien à ses pieds, un peu rêveuse,
Caressant l'animal, dégustant un bon vin.
Elle sera là, prête savoureuse et mielleuse,
Ā l'attendre encore un jour gris de plus sans fin
Elle sera fascinante dans une robe élégante,
Lui dans son beau costume, il desserrera sa cravate.

Quoi de plus normal de l'espérer appétissante
Séance tenante
C'est Bobby son chien qui lui porte ses savates

Une des deux bougies sur la table s'est éteinte.
Il croit la retrouver endormie dans la chambre,
Quand il voit sur une feuille, sa fine empreinte.
Il fait la grimace nous sommes fin septembre.

"Il est minuit, ta cendrillon sans bruit s'enfuit"

Elle ne sera partie ni avec un ami,
Ni avec le plus grand des voyous du pays,
Ni avec la plus jolie des douces ironies,

Elle sera partie quelque part à l'infini.

Il n'aura pas à tuer un vilain amant,
Il n'aura pas tout compris mais tant pis pour lui.
Il mettra sur sa playlist Tempest de Dylan,
Écoutera Tin Angel si loin de sa vie.

Son ange d'étain est parti, il est très triste.
À dix minutes près son destin s'est barré.
Sa vie vient de basculer de l'autre côté,
Il va se servir un double scotch défaitiste.

Il prend son Smartphone et entonne à l'ange déchu
« Reviens s'il te plaît, j'ai besoin de toi, je t'aime »
Jamais il ne reçut de réponse et déçu
Ne mit qu'un an à trouver un autre totem

Peu après minuit

Je suis la suite et après
Pour essayer d'oublier
Un ange d'or s'est éteint
Il est juste après minuit
Je suis seul tu t'es enfuie

Tu m'as laissée à ton chien
Laissée le mal et tes biens
À écouter ta musique
Tu n'as pas voulu le fric
Ni pleurer à trop attendre

Il était un peu trop tard
Je n'étais plus trop veinard
J'étais trop aveugle et sourd
Pensais que c'était d' l'amour
De t'enfermer dans ma tour

Pourquoi n'as-tu pas sauté
Pourquoi n'as-tu pas fauté
Le bébé dont on parlait
Et qui ne naîtra jamais
Quand s'est envolée l'idée

J'ai tout ou presque loupé
De ton corps si chaloupé
Tu es devenu floutée
Et moi depuis arc-bouté
Crois-moi j'ai longtemps cherché

Je t'ai accusée à tort
Je m'en suis voulu à mort
Je t'ai traitée de salope
Me suis dit si je la chope
Je reprendrai de ton corps
Ce sera après minuit
À genoux je te supplie
Lassé de mon triste sort
D'oublier tous les encore

Personne d'autre que toi
Moi je ne veux, personne
Jusqu'à la prochaine fois

Toutes ces années gaspillées

Cela fait si longtemps que j'ai tout oublié
Oublié combien l'on s'est aimé
Oublié combien nous étions liés
Comme un bateau à quai bien mal arrimé

Combien de temps je fus le seul homme
Le seul homme dans ta vie de bohème
Pour qui il t'était impossible de dire je t'aime
Combien de fois il en était de même
Pour ma pomme

Où es-tu partie, âme sœur
Où suis-je allé oiseau lyre
Qui as-tu trouvé de pire
Pourquoi n'ai-je rencontré rien de meilleur

Des tempêtes il s'en est passé
Des miens j'en ai perdu tant
Que je ne les ai pas tous comptés
Que j'ai préféré rester ignorant
En ne chantant plus que les jours fériés

Danses-tu comme autrefois endiablée et envoûtante
Comme une africaine les chaînes rompues,
Le corps d'une beauté somme toute surprenante

Dans des tenues attisantes des combats de rue

Après une journée où le soleil a brillé et brûlé
Au crépuscule les individus se rassemblent
Pour s'affronter en s'amusant ensemble
Avant de mourir de plaisir et filer
Au rythme du djembé
Il n'y a rien à voir, circulez

Je n'ai rien d'une méga star
Pour porter des lunettes noires
Mais j'ai des secrets bien gardés
Des regards de travers prêts à me poignarder

Les syndicats se sont levés de la table ovale
On leur a refait le coup des indiens et des visages
pâles
Sa seule amie la bouteille vide la démarche ivre
Le bateau est rempli, leur ventre aussi il faut bien
vivre
On ne mélange pas les salades il n'y a pas d'ange
pour s'occuper de nos malades
La chance de ta vie c'est d'être née ici avec tous les
soucis de là-bas en faux ami
Entre l'enclume et le marteau il y a la faucille et
avec ta tête à plume d'imbécile tu fumes un joint
sous cinquante et une étoiles le soir de ta fête

Pourquoi nous nous sommes séparés
Nous nous n'y étions pas préparés
Et pourtant nous l'avions fait, juste mariés
Toi dans un train à l'est vers les tiens
Et moi dans un wagon à l'ouest comme un chien
Un chien errant solitaire sur un tortueux chemin
Complètement égaré complètement barré

Aux antipodes, deux aimants s'attirent
Et comme on dit pour le meilleur ou pour le pire
Âme sœur ou oiseau-lyre, il et elles, virent
Toutes ces années gaspillées

Toutes ces années gaspillées accrochées
À un bonheur suranné il y a des milliers d'années
On s'est trop aimé sans rien semer de damner

Je ne suis qu'un individu

Ce jour, demain, et hier mais dans quel ordre
Tout à une fin, les fleurs meurent, Cassandre
Ce n'est pas de la mythologie, une vue d'esprit
Certains le crient, d'autres en rient et toi tu pries
La malédiction va tomber et pas que sur la mer
Moi je ne suis qu'un individu calme, peu disert

Je n'ai qu'un cœur qui s'arrêtera de battre
Rien ne sert de combattre ni vouloir abattre
Si tu cherches ailleurs c'est qu'ici ce n'est pas
meilleur
J'écris de petites poésies et si tu en lis cela suffira à
mon bonheur
Posthume ou pas, marche dans les pas de tes pairs
Moi je ne suis qu'un individu calme, peu disert

Je n'ai ni Cadillac ni noire moustache
Je n'ai qu'une bague et cache mon panache
Que va-t-il se passer, il faut continuer
Les rêves des autres peuvent faire des nuées
Il faut faire ce qu'il nous plaît sur cette belle terre
Moi je ne suis qu'un individu calme, peu disert

Je n'ai que la moitié d'une âme l'autre est à madame
Je n'ai ni dieu ni célébrité ce n'est pas ma came

Je n'ai ni regrets ni remords quand je m'endors
Je n'en demande pas toujours, encor' milord
Et quand il fait froid dehors, rentre chez moi très
cher
Moi je ne suis qu'un individu calme, peu disert

Je ris, je pleure, je vis, je meurs, je suis Marie
Je suis Joseph, je suis tout petit, ça me suffit
Je ne veux pas de beaux objets, de faire-valoir
De midinettes, de revolvers, de mouroirs
Je veux de la joie et partager le même dessert
Moi je ne suis qu'un individu calme, peu disert

Je ne contiens pas de multitudes ça ne sert à rien
Je ne recherche qu'une seule chose le bien
Sur le chemin viens, c'est le chemin de l'amour
De beaux paysages, de beaux humains, toujours
Rien ne te retient, allez viens, je ne serai pas disert
Moi je ne suis qu'un individu calme, peu disert

Cavalières et cavaliers blancs

Cavaliers blancs vous la jouez facile
De jour comme de nuit à la vitesse du vent
Vous prenez les chemins habiles et graciles
Vous connaissez les faibles et les puissants
Vous êtes prêts au moindre battement d'un cil
Prêts à voler les grands méchants loups,
Voler au secours des fragiles des enfants

Cavalières blanches vous êtes prêtes à tout
Prêtes à tout pour tout dévoiler au grand jour
Pour que lumière soit faite sur tous vos atouts
Pour que ténèbres soient défaites dans tous leurs
contours
Personne ne peut le nier même le plus fou des
hiboux
Tout le monde peut le comprendre avec beaucoup
d'amour

Cavaliers blancs, dans vos blancs costumes
Approchez-vous tout droit sans équivoque
Mon cœur s'emballe les yeux aux abois dans la
brume
J'aimerais tant que mon émoi soit réciproque
Je suis libre de mes choix et si ce n'est pas coutume

J'espère qu'en rien, je vous choque si sur vous je bloque

Cavalières blanches dites-moi quand et comment
S'il faut vraiment choisir un moment, que ce soit maintenant
Laissez-moi passant, ouvrez la porte en grand
Ne me laissez pas vacillant, mon corps se recourbant
J'accepte maîtresses, déesses, prêtresses qui naissent en suivant
D'un coup d'épée le peuple vous suit applaudissant

Cavalières et cavaliers blancs, se démènent encore
Est-ce là, suffisant, devant tous ces mauvais sorts
À chaque instant malheureusement frappe la mort
Et face à l'ennemi ils tombent trop nombreux, alors
Que faire pour transformer le charbon en or
Quand le petit prince plus très fort s'endort

Reine des Muses

Chante pour moi, reine des Muses
Chante la montagne, chante le plat pays
Chante Alléluia, chante l'Ave Maria
Avec ton cœur, avec ton âme amuse
Chantez derrière ensemble tous en chœur
Chante pour moi, reine des Muses

Chante nos amours, chante, chante toujours
L'amour perdu, l'amour retrouvé, l'amour vécu
Celui du soir, celui de l'espoir, celui d'un jour
Celui trop tôt disparu, celui d'une belle inconnue
Celui qui dure, celui qui vacille,
Celui qui roule des tambours
Chante pour nous, reine des Muses

Fais comme Bob Dylan fais des merveilles
Avec ta voix sois une sirène, éponge nos peines
Et engloutis-nous dans ton escarcelle
Ou emporte-nous dans ta caravelle de reine
Avec des chanteuses, des mannequins, des abeilles
Chantez pour elles, reine des Muses

Calliope, je ne l'ai pas mise en cloque
Cette belle sale... espérance c'est ma muse
Elle se moque de moi elle me choque

123

En terre promise elle est pleine de ruse
Je frappe à sa porte, amoureux, toc, toc
Reine des muses descends de l'olympe

Reine des Muses tes poèmes sont épiques
Les miens piquent, brique après brique
Accepte mes petites colères, mes travers
Mes vers bancals, mes mots amers
Voudrais-tu de moi ? Je t'offre mes bras
Danse avec moi, reine des Muses

Allons-nous baigner douce ingénue
Nous promener dans les bois
Aux arbres chenus
Allons ailleurs côtoyer l'inconnu
On a la vie devant soi,
Depuis que tu es venue

Ma reine des Muses
De ton amour que j'en abuse

Grâce à toi

Tu t'es retournée pour le final
Et tu as vu défiler tous tes choix
Va retrouver le dormeur du val
Avec ses deux trous au côté droit
Tu y es retournée sur ce final
Devant ce défilé et tous tes choix
Va retrouver John de quatre balles
Assassiné dans le dos de sang froid

Tu as fait danser la terre
Tu as fait chanter le ciel
Tu as fait chavirer des cœurs
Tu as fait oublier des pleurs

From Minnesota to Greenwich Village
On the road in the world, the rebellious man
I listen Bob Dylan, the big brother

C'est l'heure où s'ouvre la scène
Combien de concerts depuis,
Ouvrez les chaînes,
Il va y avoir du bruit
La fosse est pleine,
La dernière rock star s'insère
Il joue et jamais ne perd

125

Comment est-ce possible
Une telle idylle, au milieu de rien une île
Le faux prophète encore à la fête s'élève

Tiens bon Bob

La fin du voyage n'est plus loin
Souviens-toi le temps où aux Beatles
Tu leur offrais des joints
Le temps où tu bataillais
Contre les Rolling Stones
Où Joan Baez en faisait des tonnes

Tu as fait danser la terre
Tu as fait chanter le ciel
Tu as fait chavirer des cœurs
Tu as fait oublier des pleurs

Tiens bon Bob

Tu as fait mille fois le tour de la terre
Tu as écrit tant d'amour en pierre
Tu as traversé toutes les mers
Tu as conquis tant de filles aux yeux clairs
Tu as fait couler l'or dans tes prières
Tu es le plus grand messager de notre ère
J'en perds mes manières je fais tout de travers
Le mystérieux Bob avec sa poésie m'a mis à l'envers

126

Les nouvelles ne sont forcément pas bonnes
Les sirènes roses entonnent leurs chants
Suze s'est enfuie en Italie, elle m'étonne
Comment a-t-elle pu quitter le grand Dylan
Et puis Carolyn, Sara et ses autres amours
Lui ont aussi rejoué le même mauvais tour
Pourtant il en a usé de l'humour
Pour leur faire la cour à tous ces topinambours
Mais il a été difficile de chasser tous les vautours

Tu as fait danser la terre
Tu as fait chanter le ciel
Tu as fait chavirer des cœurs
Tu as fait oublier des pleurs

Tu veux que je te dise, faisons nos valises
Partons à Venise ou sur la banquise
Partons marquise en terre promise
Tu es exquise sur moi t'as la main mise
Allez quoi qu'on en dise ce n'est pas une bêtise
Cheese la photo est prise je me nobélise

On croit tout savoir mais on ne sait rien
Qui peut juger du mal, du bien
Il est temps que je me dématérialise

Grâce à toi je suis né

Grâce à toi j'ai grandi
Grâce à toi je me suis épanoui
Grâce à toi j'ai aimé
Grâce à toi je ne suis jamais parti
Merci

J'ai décidé de me consacrer à toi

Sur mon canapé de jardin je contemple le ciel
J'attends les étoiles filantes, ce passé véniel
Au son d'une musique Dylaniène je te vois en moi
J'ai décidé de me consacrer à toi

J'ai écrit ces textes la nuit venue dans tes mots
J'ai enfilé ce beau maillot sur ma peau
J'ai partagé nos idéaux et ma propre foi
J'ai été à demi surpris de me consacrer à toi

Puis ce fut une évidence comme une transe
Un signe de la providence une dernière danse
Quand il a fallu vivre comme toi sans pourquoi
J'ai décidé de me consacrer à toi

Je n'avais pas besoin de te connaître
Pour savoir que j'allais renaître de tout ton être
J'avais trouvé mon cheval de Troie
Pour exprimer la poésie que j'avais en moi

L'amour est bien réel, l'amour est authentique
Des anges sont sur terre et c'est bien pratique
Des signes en veux-tu en voilà, crois-moi
J'ai aimé me consacrer à toi

J'ai voyagé si loin à quelques mètres de chez moi
Quand tu m'as quitté j'ai eu moi aussi si froid
J'ai parfois contourné les lois pour être dans mes bottes, droit
J'ai grandi de me consacrer à toi

J'ai parcouru un long chemin depuis ce matin
J'ai rencontré des cœurs éteints par des vilains
Et de merveilleux écrins dans des tulles de soie
J'ai décidé de me consacrer à toi

J'ai laissé mon âme chanter et s'exprimer
Je l'ai ornée de fleurs et de petits bonheurs imprimés
Et si parfois je me suis regardé plein d'effroi
Je fus toujours apaisé de me consacrer à toi

Et pour tout ce que tu as dit et ce que tu as fait
Pour toute cette joie que tu m'as offerte sans objet
Pour être venue te recueillir sous ma croix
J'ai décidé de me donner à toi

L'inspiration des poèmes :

DESIRE – Album de 1976
    Sara : Sara

STREET LEGAL – Album de 1978
    Mister : Senor (Tales of Yankee Power)
    Où es-tu ce soir ? : Where are you tonight

SLOW TRAIN COMING – Album de 1979
    Love yourself : Gotta Serve Somebody
    Ange de Lumière : Précious Angel
    Je crois en moi : I Believe in You

SAVED – Album de 1980
    Sauvé : Saved
    Êtes-vous prêts ? : Are you ready ?

SHOT OF LOVE – Album de 1981
    Deux doses d'amour : Shot of love
    Robert Zimmerman : Lenny Bruce

INFIDELS – Album de 1983
    Avec la complicité de la lune : License to kill
    Lever du soleil sur l'Union : Union Sundown

EMPIRE BURLESQUE – Album de 1985

>Je me souviendrai d'elle : I'll remember you
>Te voir enfin telle que tu es : Seeing the real you at last
>Des yeux trop clairs : Dark Eyes

KNOCKED OUT LOADED – Album de 1986

>Un jour peut-être : Maybe someday
>Ces souvenirs précieux : Précious Mémories

DOWN IN THE GROOVE – Album de 1988

>La mort n'est pas un bon chemin : Death is not the End
>Mes ami(es) : Silvio

OH MERCY – Album de 1989

>Faites sonner les cloches : Ring them bells
>Tout est brisé : Everthing is broken
>En quoi suis-je mauvais ? : What good am i ?
>Etoile Filante : Shooting Star

UNDER THE RED SKY - Album de 1990

>Toute bleue : Under the red sky
>Qui sait ? : God knows

TIME OUT OF MIND – Album de 1997

>Malade d'Amour : Love sick

En pleurs sur la piste : Standing in the doorway

Atteindre le paradis : Tryin' to get to heaven

Afin que tu saches combien je t'aime : Make you fell my love

Je ne peux plus attendre : Can't wait

LOVE AND THEFT – Album de 2001

Clair de lune : Moonlight

J-1 en absurdie : Summer day

Pleure un peu : Cry A While

MODERN TIMES – Album de 2006

Agité et retourné : Rollin' And Tumblin'

La complainte du travailleur #3 : Workingman's Blues #2

L'esprit en haut de la terre : Spirit On The Water

J'parle pas : Ain't Talkin'

TOGETHER THROUGH LIFE - Album de 2009

Si jamais, vous allez en ville : If You Ever Go To Houston

Je ne t'oublierai jamais : Forgetful Heart

Ce rêve de toi : This Dream Of You

Dylène : Jolene

TEMPEST– Album de 2012

> Tin Angel (Ange d'étain) : Tin Angel
> Peu après minuit : Soon After Midnight
> Toutes ces années gaspillées : Long And Wasted Years
> Grâce à toi : Rool on John

ROUGHT AND ROWDY WAYS – Album de 2020

> Je ne suis qu'un individu : I Contain Multitudes
> Cavalières et cavaliers blancs : Black rider
> Reine des Muses : Mother of Muses
> J'ai décidé de me consacrer à toi : I've make up my mind to give myself to you

Table des matières

En attendant le dernier volume !

Je poursuis mon aventure avec vous et je partage à nouveau mes écrits sur ce deuxième tome. Si vous y venez, laissez-vous, vous y embarquer et si vous y revenez c'est que vous avez dû apprécier, et je m'en réjouis. J'espère que vous y reviendrez de temps en temps, un peu comme une madeleine de Proust et que vous les partagerez avec d'autres. Vous vous êtes peut-être reconnus dans mes écrits, avec mes petits bonheurs et mes petites souffrances, qui ne sont pas que les miennes. Nous venons au monde sans le demander ensuite nous vivons surtout d'amour et pour des instants merveilleux puis avant de partir nous laissons tous un souvenir, un espoir à quelqu'un.

Merci de vous être intéressés à ma petite poésie, en espérant que vous vous intéressez aussi à la grande poésie. Celle qui est partout et pas seulement dans les écrits, celle qui est ancrée dans notre cœur, dans notre âme, dans nos valeurs et dans nos actes.

Il est temps maintenant de terminer sur une citation de Bob Dylan que je trouve des plus adéquates :

« Tout passe, tout change, faites juste ce que vous pensez que vous devriez faire ».